AF453135

LETTRE

D'UN

QUAKER

A

FRANÇOIS DE VOLTAIRE,

ECRITE

A l'Occasion de ses REMARQUES sur les
ANGLOIS ;

PARTICULIEREMENT

SUR LES QUAKERS.

TRADUITE DE L'ANGLOIS.

A LONDRES;

Chez PAUL VAILLANT, vis-à-vis la Rue de
Southampton, dans le *Strand*.

M DCC XLV.

[*Le Prix est d'un Schelin.*]

(iij)

PREFACE*.

*L*A Lettre suivante occasionée par celles que Voltaire *a publiées touchant les Quakers, & écrite par l'un d'eux, lui fut fidellement envoyée dans le tems que porte la date.*

On se proposoit de fournir à cet Auteur le moyen de corriger dans ᵃ *une nouvelle Edition de ses Lettres, les fautes qui lui etoient échappées dans la premiere ; afin que donnant par là une preuve de son attachement sincere à la Verité, il pût en meme tems, & se faire honneur à lui-meme, & rendre justice aux Quakers.*

Mais ces Lettres ayant depuis ce tems-là été réimprimées en François sans qu'il y ait corrigé aucune des fautes qui lui avoient été indiquées ; l'Auteur de celle-ci a consenti qu'elle fut donnée au Public, pour mettre les lecteurs

A 2

en

---

* *Ecrite par un Ami de l'Auteur.*
ᵃ *Imprimée à Londrès sous le Nom de Basle en 1734. C'est l'Edition qu'on a suivie.*

en etat de faire d'eux mêmes ce qu'il auroit mieux aimé que cet Ecrivain eut fait.

C'eſt un trait de prudence dans un Auteur de meſurer ſes forces & choiſir un ſujet qui lui convienne [b] : mais c'eſt à quoi il ſemble que Voltaire n'ait pas pris garde, quand il s'eſt mis ſur le pié de traiter des matieres de Religion ; la frivole plaiſanterie de ſes expreſſions ne convenant point à la gravité du ſujet.

La politeſſe de ſon Style & l'elegance de ſes expreſſions ont quelque choſe de fort agréable & de fort amuſant : mais des Erreurs de fait, revêtues de ces ornemens, n'en ſont que plus dangereuſes, & le grand nombre qui s'en trouve dans ſa troiſiéme & quatriéme Lettre, montre qu'il n'eſt pas bien inſtruit des faits qu'il entreprend d'ecrire.

Où eſt ce qu'il a lû qu'un Juge de Paix envoya George Fox aux petites Maiſons de Derby & ordonna qu'il y fut fouetté [c] ? Ou que cet Ordre a été executé là, ou ailleurs [d] ? Ou que George Fox étoit fouetté de tems en tems [e] : & qu'un jour il fut mis au Pilori [f]. Où eſt ce qu'il

a

[b] Sumite materiam veſtris qui ſcribitis æquam
Viribus ; & verſate diu, quid ferre recuſent,
Quid valeant humeri. Hor. *de Arte Poet.*
[c] Ubi ſupra, p. 18. [d] Pag. ibid. [e] Ibid. [f] Ibid.

(v)

a trouvé que *George Fox* se mit à faire des contorsions & des grimaces, à retenir son haleine, & à la pousser avec violence [g]? *Ce sont là des choses inconnues à ceux qui ont le mieux etudié l'Histoire des Quakers : Ils les regardent comme de purcs saillies de l'imagination de l'Auteur, qui ayant voulu representer* George Fox *sous le Caractere injurieux d'un homme saintement fou, n'a eu d'autre raison de faire ces contes, que parce qu'ils convenoient à ce Caractere.*

Il lui plait de dire que les Quakers furent quelque fois persecutez sous *Charles* II, non pour leur Religion, mais pour ne vouloir pas payer les dixmes au Clergé; pour tutoyer les Magistrats; & refuser de prêter les Sermens prescrits par la Loi [h]. *Il auroit dû considerer que toutes ces choses sont des points de Religion chez les* Quakers. *Mais il a oublié la principale cause de la persecution qu'ils souffrirent dans ce tems-là; savoir, qu'ils faisoient des* Assemblées publiques pour servir Dieu. *C'est à cause de cela qu'ils furent mis à l'amende, qu'ils furent emprisonnez, vexez, & traitez cruellement. Dira-t-il que* ce n'etoit pas pour leur Religion ?

Il

---

[g] Pag. 19.　　[h] Pag. 21.

Il parle de l'Epître Dedicatoire de l'Apologie de Barclay *à* Charles II, *& remarque comme une chose étonnante, que cette Lettre écrite à un Roi par un particulier obscur eût son effet, & la persecution cessa* [i]. *Mais c'est encore une Erreur ; car la persecution dura plusieurs années apres que cette Epitre eut été écrite, & elle ne cessa qu'apres la Mort de* Charles II.

Il dit dans sa quatriéme Lettre, que Guillaume Penn *(qui etoit allé en* Hollande*) repassa bientot en* Angleterre *sur la nouvelle de la maladie de son Pere, & vint recueillir ses derniers soupirs* [h]. *Mais c'est une autre erreur : car il est certain que le Pere de* Guillaume Penn *etoit mort avant que son fils allât en* Allemagne.

Nous avons trouvé à propos de remarquer ces fautes dont quelques unes n'ont pas été rélevées par l'Auteur de cette Lettre, qui en la publiant a eu des vûes bien plus importantes, c'est à savoir, de defendre la doctrine des Quakers *contre les fausses idées qu'on s'en fait ; de donner au public un portrait fidelle & naïf de cet excellent homme* George Fox ; *& de faire voir que le Principe fondamental de la Lumiere divine reconnu & enseigné par les* Quakers,

<hr>

[i] Ibid pag. 22.   [k] Pag. 26.

Quakers, *eſt* ce guide interieur & celeſte, & *ce* directeur *que les plus ſages & les plus ver-* *tueux de tous les hommes ont fait profeſſion de* *ſuivre, & que c'eſt cette même Sageſſe dont* *l'Auteur du Livre intitulé* la Sageſſe de Salo- mon *nous donne une deſcription ſi juſte, ſi* *vive & ſi élegante :* " *La Sageſſe, dit-il*[1],
" *qui a tout créé m'a inſtruit : car il y a en*
" *elle, un Eſprit d'intelligence, qui eſt ſaint,*
" *unique, multiplié dans ſes effets, ſubtil, di-*
" *ſert, agile, ſans tache, clair, doux, ami*
" *du bien, penetrant, que rien ne peut empe-*
" *cher d'agir, bien faiſant, amateur des*
" *hommes, bon, ſtable, infaillible, calme, qui*
" *eſt intelligible, pur & ſubtil. Car la Sa-*
" *geſſe eſt plus active que toutes les choſes les*
" *plus agiſſantes : & elle atteint par tout à*
" *cauſe de ſa pureté. Elle eſt la vapeur de*
" *la vertu de Dieu, & l'effuſion toute pure de*
" *la clarté du Tout-puiſſant : C'eſt pourquoi*
" *elle ne peut être ſuſceptible de la moindre im-*
" *pureté ; parce qu'elle eſt l'éclat de la Lu-*
" *miere Eternelle, le miroir ſans tache de la*
" *Majeſté de Dieu, & l'Image de ſa bonté.*
" *N'etant qu'une, elle peut tout : & toujours*
" *immuable en elle-même, elle renouvelle toutes*
" *choſes, elle ſe répand parmi les nations dans*
" *les Ames ſaintes, & elle forme les Amis de*
"   *Dieu*

____

[1] *La Sageſſe*, c. vij. 22 - 28. *de la Traduction de* Sacy.

" *Dieu & les Prophetes.*" *Cette* Sageſſe **m** animant *George Fox* l'a rendu l'heureux inſtrument de la Converſion de plus d'Ames à Dieu, que n'ont fait un grand nombre *de* Sages, *de* Scribes, *& de* Diſputeurs de ce Monde. En lui a été ſingulierement verifiée cette reflexion de l'Apotre Paul, 1 Cor. i. 27, &c. que " Dieu
" a choiſi les choſes folles de ce Monde, pour
" rendre confuſes les Sages : & que Dieu a
" choiſi les choſes foibles de ce Monde, pour
" rendre confuſes les fortes : & qu'il a choiſi
" les choſes viles de ce monde, & les mépriſées,
" même celles qui ne ſont point, pour abolir
" celles qui ſont : afin que nulle chair ne ſe
" glorifie devant lui."

m *Qui dans le Languaʒe du Nouveau Teſtament eſt* la Parole de *Chriſt* qui habite en nous. *Coloſſ.* iii. 16. CHRIST qui eſt la puiſſance de Dieu, & la Sageſſe de Dieu, 1 *Cor.* i. 24.

LETTRE

LETTRE

A

FRANÇOIS DE VOLTAIRE.

A Londres, le 25 de Septembre, 1733.

Ami VOLTAIRE,

J'AI lû tes *Lettres sur les Anglois,* & j'ai remarqué dans celles qui regardent les Quakers, plusieurs choses qui ont besoin d'etre corrigées. J'ai appris en meme temps qu'on se proposoit de publier ces Lettres en François, ce qui m'a obligé de t'envoyer mes observations pour empêcher, s'il est possible, que les erreurs & les fautes qu'on y trouve ne se répandent pas plus loin ; & je l'ai fait avec d'autant plus de confiance, que tu as declaré dans ta Lettre sur l'Incendie d'Altena, que tu *fais profession* de t'attacher à *l'exacte verité,* & que *tu la preferes à tout* [a].

Je n'ai rien de fort important à remarquer sur ta *premiere Lettre,* te laissant la liberté de plaisanter un peu à ta maniere ; mais quand tu dis que le Quaker à qui tu rendis visite, *te parla d'un ton d'inspiré*

B

[a] *Lettres,* &c. p. 227.

d'inspiré pour te prouver que les Sacremens etoient tous d'Invention humaine, & que le mot de Sacrement ne se trouvoit pas une seule fois dans l'Evangile [b] ; je suis porté à croire que tu n'a pas été fort scrupuleux à rapporter les termes dont il se servit, & que tu as bien moins eu en vuë d'exposer fidellement ses raisons, que de divertir le credule Lecteur aux depends du Quaker. Car si par les *Sacremens* tu entends le Bateme d'eau, & ce qu'on appelle la *Cene du Seigneur* qui se celebre avec du pain, & du vin, je puis t'assurer que les Quakers n'ont jamais soutenu, ni entrepris de prouver, qu'ils sont purement *d'Invention humaine.* Car bien qu'ils croyent que dans la maniere dont on administre aujourdhui le Bateme & la Cene du Seigneur, il y a plusieurs choses qui sont d'Invention humaine, ils sont neanmoins si eloignez de dire que le Bateme d'eau, ou la Cene du Seigneur, sont d'Invention humaine, qu'ils les regardent au contraire comme des Ordonnances de Dieu, dont 'une a été donnée sous la Dispensation de Jean, & l'autre sous la Loi. Mais quoique les Quakers croient que le Bateme d'eau, & la Cene du Seigneur, où l'on prenoit & donnoit du pain & du vin, ayent été ordonnez de Dieu pour un tems, comme les autres Ceremonies legales ; cependant ils sont persuadez que ni l'un ni l'autre ne sont pas comparables ou equivalens à l'Adoration [c] *en esprit & en verité,* que Jesus Christ est venu établir ; & que de leur nature ils ne sont pas capables de produire cette Justice morale, qu'il a si fortement recommandée à ses Disciples. D'ailleurs, ils croyent que si Christ

avoit

---

[b] Vide *Lettre,* p. 7.　　　　[c] *Jean* iv.

avoit jugé que le Bateme d'eau & la Ceremonie de prendre du pain & du vin, etoient de quelque neceffité pour obtenir le Salut, ou pour purifier l'ame ; il en auroit tres expreffement ordonné l'ufage, & marqué d'une maniere claire & precife le tems & la maniere de les celebrer. Avoir d'autres fentimens, c'eft au jugement des Quakers rabaiffer la Sageffe & la Prudence de Chrift ; & en effet dégrader fa connoiffance infinie & la mettre au-deffous de celle du Legiflateur des Juifs, qui a marqué avec beaucoup de clarté & de précifion le tems & la maniere de faire les Ceremonies de la Circoncifion & de la Paque, & par ce moyen a prevenu les difputes & les conteftations qui auroient pû arriver.

II. Dans ta *feconde Lettre*, je fuis affuré que tu as très-mal reprefenté la maniere dont cet homme parloit & prêchoit, pour ne pas dire que tu en fais une defcription goguenarde & boufonne ; & enfuite pour te tirer d'affaire, tu fais dire à ton Ami, *Nous fommes obligez de les tolerer* (ces manieres) *parce que nous ne pouvons pas favoir fi un homme qui fe leve pour parler fera infpiré par l'Efprit ou par la Folie. Dans ce doute & cette incertitude nous écoutons chacun patiemment : nous permettons même aux femmes de parler.* Mais ceci a bien plus l'air d'une raifon que tu as imaginée toi-même, que de ce que ton Ami a dû te dire : car un Quaker auroit raifonné ainfi : " Puifque Dieu fait tout & " qu'il eft prefent par tout, & que Chrift a dit, " *Où il y a deux ou trois perfonnes affemblées en mon*

" *nom,*

‟ *nom, je me trouve là au milieu d'eux* [d], nous nous
affemblons pour jouïr de l'accompliffement des paroles de Chrift parmi nous, & fentir l'operation
de fon Efprit, fans laquelle nous ne pouvons ni
operer notre Salut [e], ni rendre à Dieu un culte agréable : & comme lorfque nous fommes affemblez,
& que nous adorons Dieu *dans le Silence*, nous ne
favons pas qui il appellera au Miniftere, fon Efprit
fouflant où il lui plait [f], c'eft la raifon pourquoi nous
permettons à tout homme, ou à toute femme, dont
le cœur eft échauffé de l'Amour de Dieu, de de-
clarer ce qu'ils trouvent imprimé au fond de leur
cœur.   Nous croyons que cette liberté & preroga-
tive generale eft tres-raifonnable, & tres-utile ;
qu'elle contribue extremement à l'edification, à la
confolation, & à l'encouragement mutuel des fi-
deles ; & qu'elle eft outre cela conforme aux pre-
mieres Affemblées ou Eglifes Chretiennes, comme
on le peut voir dans les Actes des Apôtres, & dans
la premiere Epitre de Paul aux Corinthiens.

Et pour donner encore plus de poids & de force
à cette raifon, il auroit pû dire, que puifque Dieu,
dont les Promeffes font toutes *Oui & Amen en Je-*
fus Chrift [g], a déclaré par le Prophete Joël, que
dans les derniers tems il *répandroit de fon Efprit*
fur toute Chair, & que fes fils & fes filles pro-
phetiferoient : il a donc certainement voulu & ordonné que tous ceux qui participeroient à l'efufion
de fon Efprit, foit hommes foit femmes, auroient

la

<hr>

[d] *Matt.* xvii. 20.   [e] *Phil.* ii. 12, 13, *Operez*
votre falut, &c.   [f] *Jean* III.   [g] 2 *Cor.* i. 20.

la liberté & le privilege de déclarer les pensées de leur Cœur.

Les Quakers sont tres persuadez que dans les lieux où l'on n'accorde pas cette liberté, on est privé d'un des plus avantageux, & des plus considerables privileges de l'Evangile [h] : Car si ceux qui font profession du Christianisme avoient toujours attendu qu'ils fussent enseignez de Dieu, qui a promis de *paitre* lui même son Peuple, & ne se fussent pas livrez à une multitude de Docteurs, & compté sur les *hommes* pour la *nourriture spirituelle* ; Christ qui a dit à ses Disciples, *toute puissance*

[h] *Le judicieux* Jean Locke *fait une remarque qui vient ici fort à propos.* " Il paroit clairement, *dit-il,* par le " Livre des *Actes des Apotres* que *sous l'Evangile l'Esprit* " *de Dieu* seroit repandu sur les Femmes aussi bien sur " les Hommes ; & où pouvoient ils profetiser avec " plus d'utilité, & de bienseance que dans leurs Assem- " blées ?" *Voyez sa Paraphrase & ses Notes sur la* 1. Epit. aux Corinth. *c.* xi.

Un autre Ecrivain tres judicieux a aussi fait cette importante remarque : " C'est l'Esprit Consolateur, *dit* " Fenelon, qui fait par lui-meme tout ce qu'il lui " plait. Rien de tout ce qu'il ne fait pas dire, n'est " parole de vie : ce qu'il fait dire *par quelque bouche* " *que ce soit,* se fait sentir & opere jusqu'au fond de " l'ame. C'est la Voix toute-puissante du Createur. " Un mot dit tout, & fait tout ; les plus solides dis- " cours ne disent & ne font rien." *Oeuvres spirituelles, Lettre* 60.

Et plut à Dieu que ces paroles fussent bien entendues & bien considerées par ceux qui se donnent le titre de Vicaires de Christ, *d'Eveques, de Pasteurs des Ames, & de Ministres de l'Evangile ! Alors on ne verroit plus des personnes innocentes, hommes & femmes, persecutées pour avoir dit ou écrit ce qu'elles sont persuadées leur avoir été suggeré par* le St. Esprit.

sance m'a été donnée dans le Ciel & sur la terre, & voici je suis toujours avec vous jusques à la fin du Monde [i] : *Christ*, dis-je, auroit fourni à ses Eglises des Pasteurs qui leur auroient dûement administré la pâture celeste, propre à nourrir les enfans de Dieu pour la vie eternelle, *même du vin & du lait sans argent & sans en rien exiger* [k], & non pas des Chardons & des morceaux de litterature mondaine achetez bien cher.

De plus, ce que tu as fait dire à ton Ami au sujet des femmes, que deux ou trois se trouvent souvent inspirées à la fois, & que *c'est alors qu'il se fait un beau bruit* dans la maison du Seigneur ; cela, dis-je, est si contraire à la verité & à l'experience, que personne, je m'assure, n'a jamais entendu rien de semblable dans une Assemblée de Quakers ; & cela ne convient même absolument point à leur maniere de servir Dieu, qui se fait *en esprit*, & comme tu l'as toi-même remarqué, dans un *Silence general* qui dure quelque tems. Une Symphonie de cette nature conviendroit donc beaucoup mieux aux Eglises où l'on entend des Orgues & d'autres Instrumens de Musique, mais elle ne sauroit plaire aux Quakers.

Je conviens sans peine que deux ou trois personnes sont souvent inspirées en même-tems, car dans une grande Assemblée il n'est pas hors d'apparence que même un plus grand nombre ne soit inspiré tout à la fois : mais aussi, comme [l] *les esprits*

prits

[i] *Matth.* xxviii. 18---20.   [k] *Esaie* LV. 1.   [l] *1. Cor.* xiv. 32.

prits des Prophetes font foumis aux prophetes, pendant qu'un parle les autres fe taifent ; & en ceci les
Quakers fe conforment exactement à la Regle de
l'Apotre qui dit, *Que s'il fe fait quelque revelation
à un autre de ceux qui font affis dans l'Affemblée,
que le premier fe taife : car vous pouvez tous prophetifer l'un après l'autre, afin que tous aprennent,
& que tous foient confolez* [m].

Mais quoique quelques perfonnes puiffent me-
prifer ou faire peu de cas de la voix des femmes,
excepté lorfqu'elles chantent des Pfeaumes, ou d'autres Vers moins édifiants ; les Quakers n'ont pas
honte d'avouer que leur Miniftere a fouvent été
touchant & perfuafif. " *On a remarqué*, dit Ro-
bert Barclay, *que dans ce tems-ci Dieu a efficacément*
" *converti plufieurs ames par le Miniftere des femmes,*
" *& qu'il s'eft auffi plufieurs fois fervi d'elles pour*
" *confoler & fortifier l'ame de fes enfans* " [n].

Il eft vrai que ceux qui font profeffion d'enfeigner
la Religion Chretienne ont depuis long tems def-
aprouvé le Miniftere des femmes ; & que fe fon-
dant fur un ou deux paffages des Epitres de Paul,
ils ont taché de perfuader le peuple qu'il n'eft pas
permis aux femmes de parler, ou de prêcher dans l'E-
glife, quoi qu'en meme tems ils permettent, & tien-
nent qu'il leur eft permis d'y chanter des Pfeaumes,
de répondre aux Prieres, & d'y faire des Confef-
fions : mais les Quakers n'ont jamais pû fe perfuader que l'Apotre Paul tombât dans une contra-
diction fi palpable que d'ecrire une Epitre, & y re-
gler

[m] 1 *Cor.* xiv. 30, 31. [n] *Apologie, Prop.* x. §. 26.

gler la maniere dont les femmes auffi bien que les hommes devoient *prier & prophetifer* en public ; & enfuite defendre aux femmes de parler dans l'Eglife ; puifque *prophetifer,* comme il l'explique lui-meme, c'eft *parler aux hommes pour les edifier, les exhorter, & les confoler* °. Delà ils tirent cette jufte confequence, que Paul defendant aux femmes de parler dans l'Eglife, n'a pas pris le mot de *parler* dans le fens de *prophetifer,* ou de parler par un mouvement furnaturel & par la fuggeftion du St. Efprit, mais de parler de leur propre mouvement, & faire des queftions qu'il etoit plus convenable qu'elles fiffent à leurs maris dans leurs maifons ᴾ.

Cer-

° 1 *Cor.* xiv. 3.

ᴾ *C'eft dans ce fens que* Jean Locke, *dont tu as fi fort loué le jugement, a expliqué & concilié les defences apparentes que* Paul *fait aux femmes de parler & d'enfeigner dans l'Eglife.* Voici fa Remarque fur la Iᵉ Epitre aux *Corinthiens,* c. xi.

" Le paffage, dit-il, qui regarde les *femmes* paroit
" un des plus difficiles qui foient dans les Epitres de St.
" *Paul.* Je me flate donc qu'on voudra bien me per-
" mettre de le faire preceder de quelques confiderations
" qui pourront contribuer à l'éclaircir.

" I. Il faut d'abord remarquer que c'etoit la cou-
" tume des femmes de fe voiler, lors qu'elles paroif-
" foient en public, *Ver.* 13—16. Ainfi il n'y a point de
" doute qu'elles ne duffent etre voilées quand elles af-
" fiftoient aux prieres & aux actions de graces dans les
" Affemblées publiques : mais fi c'etoit là le fens de
" l'Apotre ; ne fe feroit il pas exprimé d'une maniere
" beaucoup plus aifée, plus courte, & plus claire, s'il
" avoit dit que les femmes fe doivent couvrir dans les
" Affemblées ?

" II. Il eft clair que cet ordre donné aux *femmes*
" d'avoir la téte couverte, eft borné a quelques fonc-
" tions particulieres qu'elles faifoient dans l'Affemblée,
" exprimées par les mots de *prier* & de *prophetifer,*

Ver.

Certainement celui *qui* a reglé la maniere dont les femmes, auſſi bien que les hommes, devoient prier

" *Ver.* 4 & 5, lequels, quelque ſens qu'ils ayent, doi-
" vent ſignifier la meme choſe quand ils regardent les
" femmes dans le 5 Verſet, que lors qu'ils ſont apli-
" quez aux hommes dans le 4.
" On dira, peut-etre, qui ſi les *femmes* devoient
" etre voilées dans les Aſſemblées, quelles que fuſſent ces
" fonctions, celles qui ſe joignoient à elles devoient
" auſſi etre voilées.
" *Reponſe.* Il faudroit ſans doute en convenir, ſi on
" recevoit l'explication de ceux qui croyent que par les
" termes de *prier* & *prophetiſer* il faut entendre ici
" etre preſent dans l'Aſſemblée, & ſe joindre à la Con-
" gregation dans les prieres qu'on y faiſoit, dans les
" Hymnes qu'on y chantoit, ou dans la Lecture &
" l'expoſition de l'Ecriture Sainte. Mais à cela on
" peut repondre *qu'entendre precher ou prophetiſer*, n'a
" jamais été appellé *precher* ou *prophetiſer*, & cette ob-
" jection eſt ſi forte que je ne croi pas qu'on y puiſſe
" répondre.
" Voici en un mot, dequoi il me ſemble qu'il s'a-
" giſſoit : les hommes prioient & prophetiſoient dans
" les Aſſemblées & avoient la tête découverte ; les
" femmes *prioient auſſi quelquefois & prophetiſoient dans*
" *les Aſſemblées*, & tandis qu'elles faiſoient cette fonc-
" tion elles croyoient etre diſpenſées de ſe voiler, &
" s'imaginoient qu'elles pouvoient avoir la tête décou-
" verte, ou du moins le viſage découvert, auſſi bien
" que les hommes. C'eſt à quoi l'Apotre les reſtraint,
" & ordonne que ſoit qu'elles prient ou prophetiſent,
" elles doivent toujours demeurer voilées.
" III. Voyons preſentement, ce qu'il faut en-
" tendre ici par *prier* & *prophetiſer*. Et il me ſem-
" ble que c'etoit lorſqu'il ſe faiſoit quelque *Action*
" *publique* dans l'*Aſſemblée* par une perſonne par-
" ticuliere, & tant que cette action duroit le
" reſte de l'Aſſemblée gardoit *le Silence.* Car il
" n'y a aucune aparence que quand l'Apotre dit *un*
" *homme qui prie ou prophetiſe*, il entende une action

C   faite

prier & prophetifer en public ; qui a exhorté les *Corinthiens* de defirer avec ardeur les meilleurs dons,

" faite en *commun* par toute la Congregation. Autre-
" ment quel pretexte cela pouvoit il donner à la femme
" d'avoir la tête découverte, pendant que cet homme
" parloit, plutot qu'en aucun autre tems ? Une femme
" devoit etre voilée dans l'Affemblée ; quel pretexte
" donc ou quel droit a-t-elle eu d'etre dévoilée, de
" ce qu'elle s'eft jointe au refte de l'Affemblée dans
" la Priere que quelque perfonne a faite ? Cette priere
" ne l'autorifoit pas plus à etre dévoilée, que d'avoir
" affifté à l'Affemblée l'autorifoit à l'etre. On peut
" dire la même chofe à l'egard de *prophetifer*, lorfqu'on
" entend par là qu'une femme fe joint à la Congrega-
" tion pour chanter les louanges de Dieu. Mais fi la
" femme prioit comme *la bouche* de l'Affemblée, &c.
" il y a aparence qu'elle pouvoit croire qu'elle avoit le
" privilege d'etre dévoilée.

" *Prier* & *prophetifer*, comme on l'a fait voir, fig-
" nifiant ici faire quelque action particuliere dans
" *l'Affemblée*, tandis que le refte de la Congregation y
" affiftoit feulement ; examinons à prefent quelle etoit
" cette action. A l'egard de *prophetifer*, l'Apotre nous
" dit en *termes exprès*, Chap. xiv. 3 & 12, que c'etoit
" *parler* dans *l'Affemblée*. Il en eft de meme au fujet
" de *prier*, il eft evident que l'Apotre entend par là
" *prier* publiquement & d'une *voix intelligible* dans la
" Congregation. *Voyez* Chap. xiv. 14—19.

" Il faut remarquer que foit que quelcun priât ou
" prophetifât, il prioit ou prophetifoit feul, *le refte de*
" *l'Affemblée demeurant dans la Silence*, Chap. xiv. 27
" ---33. De forte que meme dans ces louanges ex-
" traordinaires que quelcun chantoit à Dieu par le
" *mouvement immediat & la Suggeftion du Saint Efprit*,
" qui etoit une des Actions qu'on apelloit *prophetifer*,
" il n'y en avoit qu'un feul qui chantàt. Et en effet,
" comment cela auroit il pû fe faire autrement ? Qui
" auroit pû fe joindre avec la perfonne qui prophetifoit
" des chofes qui etoient dictées à elle feule par le Saint
" Efprit, & que les autres ne pouvoient pas favoir
" jufqu'à ce que cette perfonne les eut prononcées ?
Pro-

dons, mais fur tout celui de *prophetifer* ; *qui* a dit
je fouhaite que vous ayiez tous le don des langues,
mais encore plus que vous prophetifiez ; & *qui*
aprouve même que quand toute l'Eglife fera affemblée dans un lieu, on *prophetife* l'un après l'autre ;
ce grand Apotre, dis-je, n'a jamais pû defendre
aux femmes qui etoient excitées & pouffées par le
St. Efprit de *parler* dans l'Eglife. Car c'eut été
les exclure & priver de l'ufage & de l'exercice du
don de prophetie, & par conféquent non feulement mettre un obftacle à l'Avis & au Confeil qu'il
avoit donné, mais meme au deffein general & au

C 2

but

" *Prophetifer*, comme St. *Paul* nous l'aprend, Chap.
" xiv. 3. c'etoit parler aux autres pour les *edifier*, les
" *exhorter*, & les *confoler :* mais tout ce qu'on leur
" difoit pour quelcune de ces fins-là, n'etoit pas pro-
" phetifer, mais feulement lorfque ce qu'on leur difoit
" étoit un *Don fpirituel*, produit par le mouvement
" immediat & extraordinaire du Saint Efprit. *Voyez*
" Chap. xiv. 1, 12, 24, 30. Par example, Chanter
" les louanges de Dieu s'apelloit *prophetifer* ; mais
" nous voyons que quand *Saül* prophetifa, l'Efprit de
" Dieu le faifit, & il fut changé en un autre homme, 1
" *Sam.* x. 6. Et je ne croi pas qu'on puiffe produire
" aucun paffage du Nouveau Teftament, où *prophetifer*
" fignifie la fimple Lecture de l'Ecriture, ni aucune
" autre action faite fans un *mouvement furnaturel*, &
" fans l'Affiftance de l'Efprit de Dieu. Ce qu'il y a
" de certain, c'eft que quand St. *Paul* parle ici de *pro-*
" *phetifer* il entend un des dons extraordinaires confe-
" rez par l'Efprit de Dieu ; *Voyez* Chap. xii. 10. Or
" que l'Efprit de Dieu, & le don de *Prophetie* ayent dû
" fe répandre fur les *femmes* auffi bien que fur les
" *hommes* dans le tems de l'*Evangile*, cela paroit claire-
" ment par le fecond Chapitre des *Actes des Apotres*,
" Ver. 17. Et quel lieu pouvoient ils trouver *plus*
" *propre* pour prononcer leurs Propheties, que leurs
" Affemblées ?"

but que Dieu s'etoit propofé, en répandant fon Efprit fur fes filles & fes fervantes, comme il avoit promis de faire dans les derniers tems.

Les Quakers font tres perfuadez que tant qu'il y aura une Eglife de *Chrift* fur la terre, Dieu qui a infpiré Marie & Deborah fous la Loi ; & *Chrift* qui fe fit connoitre à la femme qui etoit vers le puits de Jacob, & lui permit de porter la nouvelle de fa venue aux habitans de *Sychar*, & qui honora *Marie* de l'agréable commiffion d'aller annoncer fa refurrection à fes Difciples *bien-aimez* ; ne ceffera jamais d'accorder les dons & les gracieufes influences de fon Saint Efprit ⁹ *aux femmes pieufes*, (dont l'Ame ne lui eft pas moins precieufe que celle des hommes) & par là les rendre capables d'annoncer les agreables nouvelles du Salut, & publier ce que Dieu a fait pour leurs Ames.

Dans ta *troifiéme* Lettre tu quites le perfonnage de Philofophe pour prendre celui d'Hiftorien ; mais fi tu as crû y gagner, tu t'es fort trompé ; car

dans

---

⁹ *Et cette Opinion ne leur eft pas particuliere, comme il paroit par la Paraphrafe de* Jean Locke *qu'on vient de rapporter. A quoi nous pouvons joindre le Suffrage d'André Rivet, homme egalement favant & judicieux ; qui dans une Lettre à* Anne Marie Schurman *s'exprime ainfi :* Nihil magis in votis habeo quam apud nos frequens fit illud à Propheta prædictum, & initio prædicationis Evangelicæ ex parte impletum, προφητεύσουσιν οἱ υἱοὶ ὑμῶν καὶ αἱ θυγατέρες ὑμῶν. "Il n'y a rien, dit-il, que je fou-"haite avec plus d'ardeur que de voir parmi nous plu-"fieurs exemples de ce qui a été predit par le Prophete,"& qui au commencement de la predication de l'Evan-"gile a été accompli en partie ; *Vos fils & vos filles*"*prophetiferont.*"

dans ce que tu rapportes de *George Fox* il n'y a presque rien qui ne soit faux. Ce sont des historiettes absolument inconnues aux Quakers ; comme quand tu dis qu'*un jour* George Fox *fut mis au Pilory ; qu'il pria le Sergeant de vouloir bien lui donner un autre Souflet pour l'amour de Dieu ; & qu'il supplia ceux qui le fouettoient de lui appliquer encore quelques coups de verges pour le bien de son Ame* [1].

Ce dernier trait est assurément le plus mal imaginé que tu pouvois lui atribuer, puisqu'il est entierement contraire à ses sentimens & à sa maniere de penser, & que c'est le langage d'un homme qui fait consister la pieté dans une *penitence exterieure* & dans la *flagellation* du Corps, ce que notre Ami *George Fox* n'a jamais fait.

Quel dommage qu'un homme d'esprit & qui a marqué un si grand attachement pour la verité, ait été capable d'écrire un tas de fables & de mensonges !

Quand tu étois à *Londres* tu avois une belle occasion de t'assurer de la verité des faits que tu avois dessein de rapporter touchant les Quakers : & l'Ami avec qui tu eus une Conversation, dont tu nous aprends quelques particularitez, auroit pû te dire qu'il y a un *Journal* de la Vie de *G. Fox* publié environ trois ans après sa mort ; & une petite piece intitulée *Courte Relation de l'Origine & des Progrès de ceux qu'on apelle Quakers, dans laquelle on donne une exposition claire & simple de leur Prin-*

[1] p. 18.

Principes fondamentaux, de leurs Sentimens, leur Culte, leur Miniſtere & leur Diſcipline ; afin de prevenir les Erreurs & les déguiſemens que l'ignorance & les prejugez peuvent produire pour abuſer de la Credulité du Peuple.

Ce Traité a été écrit par notre Ami *Guillaume Penn*, & il fut d'abord imprimé avec le Journal de *George Fox* comme pour lui ſervir de Preface ou d'Introduction ; & peu de tems aprez on l'imprima ſeparément avec une Epitre au Lecteur, où l'on rapportoit les raiſons qui avoient obligé de le donner de cette maniere : & comme tu ſera peutetre bien aiſe de les voir, je vais les tranſcrire ici mot à mot.

" *Lecteur*, la Relation ſuivante de ceux qu'on
" apelle *Quakers*, &c. a été écrite dans la Crainte
" & l'Amour de Dieu. *Premierement*, pour ren-
" dre un conſtant temoignage à cette bien-heureuſe
" Verité interieure, dont Dieu a viſité mon
" ame dans ma jeuneſſe, & pour le ſentiment
" & l'Amour de laquelle, j'ai été porté d'une
" maniere ſinguliere à quiter tous les honneurs &
" les interets du Monde.

" *Secondement*, pour rendre temoignage à ces
" gens mépriſez, que Dieu dans ſa grande Miſe-
" ricorde a raſſemblez & réunis par ſon Eſprit
" bien-heureux dans la ſainte profeſſion de cette
" même Verité ; dont j'eſtime la Societé au deſſus
" de toutes les grandeurs mondaines.

Troiſièmement

" *Troifiémement*, pour donner des marques de
" mon Amitié & de mon Eftime à la memoire de
" ce digne Serviteur de Dieu *George Fox*, qui en
" a été la premier inftrument, & que pour cette
" raifon j'ai apellé *le grand & bien-heureux Apotre*
" *de nos jours.* Comme c'eft ce qui a produit
" l'Ouvrage que je t'ofre ici, & qui dans la pre-
" miere Edition, fervoit de Preface à l'excellent
" Journal de *George Fox* ; auffi la confideration
" de l'utilité prefente que j'ai crû qu'on pouvoit
" tirer de la relation qui fuit, touchant ceux qu'on
" apelle *Quakers*, (à caufe des *Cenfures* injuftes
" de quelques Adverfaires, qui autrefois faifoient
" profeffion d'etre du nombre des Amis) & les
" *exhortations* par où elle finit, m'ont engagé de
" confentir qu'on la ré-imprimât en plus petit vo-
" lume, fachant bien auffi que les gros livres,
" fur tout dans ce tems-ci, incommodent non
" feulement la *bource*, mais fatiguent l'efprit de
" plufieurs perfonnes ; & qu'il y en a d'autres
" dont le nombre n'eft pas petit, qui fouhaiteroient
" (pouvû que cela fe pût faire à peu de fraix) de
" connoitre ces gens dont on a dit par tout tant
" de mal. Mais beni foit le Dieu & Pere de
" *notre Seigneur Jefus Chrift*, ce n'eft pas fur un
" pire fondement que ce qu'on a dit autrefois des
" premiers Chretiens ; comme j'efpere que cela
" paroitra à tout Lecteur moderé & judicieux.

" Notre Affaire aprez tant de mauvais traite-
" mens que nous avons reçu, etant la realité de la
" Religion, un *Changement effectif*, avant notre
" dernier

" dernier & grand changement ; afin que tous les
" hommes puiffent venir à une connoifance de Dieu
" interieure, fenfible, & experimentale, par les
" Convictions & les Operations de la Lumiere &
" de l'Efprit de *Chrift* en eux-memes ; etant les
" moyens *fuffifans* & bien heureux donnez à *tous*,
" afin que par là tous puiffent venir falutairement
" à connoitre le feul vrai Dieu, & *Jefus Chrift* qu'il a
" envoyé pour éclairer & racheter le Monde ;
" laquelle connoiffance eft en effet la *Vie Eternelle*.
" Et que toi, Lecteur, puiffe l'obtenir, c'eft le
" defir ardent de celui qui eft toujours à toi dans
" un fi bon Ouvrage.

GUILLAUME PENN."

Ce qui fuit eft un Extrait du petit Traité dont on vient de parler, par lequel tu verras l'idée que *Guillaume Penn* avoit de *George Fox.*

" Me voici arrivé, dit *Guillaume Penn*, au troi-
" fiéme point, ou à la troifiéme partie de ma Pre-
" face, c'eft à dire, à *l'Auteur* qui en a été *l'Inftru-*
" *ment.* Car quelques uns pourront dire, fort
" bien, voici le Peuple & l'Ouvrage, mais où eft
" l'homme qui en etoit l'Inftrument ? qui etoit-il,
" celui qui dans ce Siecle a été envoyé pour com-
" mencer cet Ouvrage, & affembler ce Peuple ?
" Je declarerai felon que Dieu m'en rendra capa-
" ble, qui il etoit, & ce qu'il etoit, non feule-
" ment fur la rapport des autres, mais fur le long
" & tres intime Commerce que j'ai eu avec lui,

pour

« pour lequel mon Ame benit Dieu, comme elle
« a fouvent fait.

« Le bienheureux Inftrument dont Dieu s'eft
« fervi dans ce tems de fa Grace & de fa Miferi-
« corde, & qui fera le fujet de cet Ecrit, c'eft
« *George Fox*. Dieu l'avoit doué d'une claire &
« merveilleufe penetration : il difcernoit les efprits
« des autres, & etoit extremement maitre du
« fien propre. Il avoit un don extraordinaire à
« expliquer les Saintes Ecritures. Il pénétroit
« jufqu'à la moelle des chofes, & en faifoit voir
« l'efprit, l'harmonie, & l'accompliffement, avec
« beaucoup de clarté, & une grande confolation
« & edification. Mais il excelloit fur tout dans la
« *Priere.* Le recueillement & la gravité de fon
« Efprit, la reverence & la folemnité de fon a-
« bord & de fa conduite, le petit nombre, & la
« plenitude de fes paroles, ont fouvent frappé les
« etrangers d'admiration, comme ils avoient cou-
« tume de remplir les autres de confolation. La
« Difpofition la plus humble, la plus vive & la
« plus refpectueufe, que j'aie jamais vû ou fenti,
« c'etoit la fienne, je l'avoue, dans fa *Priere :* &
« c'etoit un temoignage qu'il connoiffoit & vivoit
« plus près du Seigneur que les autres hommes ;
« car ceux qui le connoiffent mieux feront plus
« portez à s'en aprocher avec reverence & avec
« crainte.»

« Sa Vie étoit innocente, il ne fe mêloit point
« des affaires des autres, & ne cherchoit point fes
« propres interets ; Il n'etoit, ni pointilleux, ni

D

cenfeur :

" cenfeur: fes Difcours étoient fans offence, ou
" plutot tres-edifiants.   Il etoit fi benin, fi con-
" tent, fi modefte, commode, ferme, tendre,
" que c'etoit un plaifir d'etre dans fa compagnie.
" Il n'exerçoit aucune autorité que fur le *Mal*,
" & il le faifoit par tout & fur tous ; mais avec
" amour, compaffion, & longanimité.   Il etoit
" plein de douceur & de compaffion, auffi pret à
" pardonner une offenfe qu'incapable d'en caufer,
" ou d'en recevoir une.   Des milliers de perfonnes
" peuvent dire *avec verité* qu'il etoit d'un Natu-
" rel tres excellent, & en tres bonne odeur parmi
" eux, & qu'à caufe de cela les gens les plus pieux
" & les plus gracieux l'aimoient d'un amour fin-
" cere & durable.

" En verité, il faut que je dife que quoi que
" Dieu l'eut vifiblement revetu d'une Preference
" & d'une Autorité divine, & que fa prefence ex-
" primât une majefté religieufe, il n'en abufa ja-
" mais, mais tint fa place dans l'Eglife de Dieu
" avec une grande debonnaireté, & avec une hu-
" milité & une moderation tres édifiantes. Car
" dans toutes fortes d'occafions, femblable à fon
" bienheureux Maitre, il etoit Serviteur de tous ;
" tenant & exerçant fa charge d'Ancien dans le
" *Pouvoir invifible* qui les avoit affemblez, avec
" reverence pour le Chef & un grand foin pour le
" Corps ; & fut reçu feulement dans cet *Efprit* &
" *Pouvoir* de Chrift comme le premier & le
" principal Ancien de ce Siecle; qui etant par
" confequent digne d'un *double honneur*, auffi par
" la meme raifon il lui a été donné par les *Fidelles*
" d'au-

" d'aujourdhui, parce que fon autorité etoit *in-*
" *terieure* & non pas *exterieure* ; & qu'il l'a ac-
" quife & confervée par l'Amour de Dieu, & le
" Pouvoir d'une Vie eternelle.

" J'ecris ce que je fai par moi-meme, & non
" pas par oui-dire, & mon temoignage eft verita-
" ble, ayant demeuré avec lui des femaines &
" des mois entiers en diverfes occafions, qui me
" le faifoient connoitre intimément & me don-
" noient lieu de l'eprouver, & cela nuit & jour,
" par mer & par terre, ici & dans les pays etran-
" gers ; & je puis dire que je ne l'ai jamais
" vû hors de fa place, ou qu'il ne fut pas ca-
" pable de furmonter en toute occafion toute forte
" de difficultez ; car en toutes chofes il s'en aqui-
" toit comme un homme, oui, comme un homme
" fort, un homme nouveau, & qui ne refpiroit
" que le Ciel. Il etoit Theologien & Naturalifte,
" le tout par l'Operation du Dieu tout-puiffant.

" J'ai été furpris de fes Queftions & de fes Re-
" ponfes dans les chofes naturelles ; que tandis
" qu'il ignoroit la *Science* inutile & fophiftique, il
" poffedoit le fondement de la Connoiffance utile
" & louable & la cultivoit par tout. Civil dans
" fes manieres au delà de toutes les formalitez de la
" politeffe. Extremement temperé, mangeant
" peu, & dormant encore moins, quoi-qu'il fut
" gros & replêt.

" C'eft ainfi qu'il a vecu & demeuré parmi
" nous ; & tel qu'il a vecu il eft mort, fentant le

 meme

“ meme *Pouvoir eternel* qui l'avoit elevé & pre-
“ fervé dans fes derniers moments. Tant il etoit
“ affuré qu'il triomphoit de la Mort ; & meme
“ jufqu'à la fin, comme fi la Mort meritoit à
“ peine qu'on y fit attention ou qu'on la nom-
“ mât.

“ Il eut la confolation de n'avoir qu'une courte
“ maladie, & le bonheur de conferver un efprit
“ fain & libre jufqu'à la fin : & nous pouvons
“ veritablement dire avec un homme de Dieu
“ d'autrefois, *qu'etant mort il parle encore*, & quoi
“ qu' abfent de corps il eft prefent d'efprit ; n'y
“ n'a ayant ni tems, ni lieu capables d'interrom-
“ pre la Communion des Saints, ou de diffoudre
“ la Societé des Efprits du Jufte. Ses Oeuvres
“ le louent, parce qu'elles font à la louange de ce-
“ lui qui operoit par lui, c'eft pourquoi fa *Me-*
“ *moire* eft, & fera toujours en benediction. Je
“ finirai cette partie de ma Preface, par cette
“ courte *Epitaphe* que je confacre à fon Nom :
“ *Plufieurs ont donné des Exemples de vertu en ce*
“ *jour, mais* CHER GEORGE, *tu les a tous fur-*
“ *paffez.*”

Et bien, Ami *Voltaire*, fi tu avois feulement
vû ce Recit, je fuis pret de conclure de l'eftime
& des égards que tu as fait voir pour la Memoire
de *Guillaume Penn*, que tu n'aurois jamais dit que
George Fox etoit un homme *faintement fou*, ni ne
l'aurois travefti en ridicule, comme tu as fait.
Car, enfin, falloit il moins qu'un homme revêtu
des qualitez qu'on a marquées, pour être l'Inftrument

ment d'affembler un Peuple fi nombreux dans cette Nation & dans d'autres ; un Peuple qui a embraffé fes Sentimens fans avoir en vûe aucun profit, ni aucun avantage mondain, & les a foutenus au milieu des plus dures & des plus grieves fouffrances ; plufieurs memes fe font expofez à la perte de tous leurs biens temporels, jufqu'à l'emprifonnement & à la mort ?

Ajoutez à cela, qu'il a non feulement converti des milliers de perfonnes à fes Sentimens *, mais qu'il eft auffi l'Auteur du Plan de Difcipline, par lequel les *Quakers* reglent leur Societé, & que lui-meme l'a vûe fondée & établie en Angleterre, en Ecoffe, en Irlande, en Hollande, & en Amerique ; Plan qui bien que fimple en lui-meme, ou par fa nature, eft neanmoins tres etendu dans fon ufage ; fi étendu, dif-je, qu'il eft capable d'embraffer tout le monde ; & s'il etoit fuivi exactement par tous les hommes, felon l'intention & l'efprit de fon Auteur, *il pourroit*, pour me fervir de tes propres termes, *ramener fur la terre l'Age d'Or dont on parle tant.*

Après cela, faut-il que la Memoire d'un fi grand homme foit couverte d'un Voile ridicule par la Plume d'un fameux Hiftorien, tel que *Voltaire*, Faut-il que la Memoire d'un *Locke*, ou d'un *Newton*, qui ont fait un petit nombre de
décou-

* *Ce n'eft pas qu'ils ayent reçu ces Sentimens fur fa parole, ou fur l'Autorité d'aucun homme, mais fur le pié d'une conviction raifonable & conforme à l'Ecriture.*

découvertes qui ſe rapportent aux ſeules Connoiſ-
ſances ſpeculatives, l'Optique, l'Aſtronomie,
& la Geometrie, leſquelles quoi que tres louables,
ne ſa lauroient etre d'uſage pour des Siecles à venir
qu'à peu de perſonnes : la Memoire, dis-je, & la
Reputation de ces hommes ſera-t-elle exaltée & repandue par tout avec les plus grands Eloges, &
celle de *George Fox* de qui les découvertes ten-
doient immediatement au bonheur de pluſieurs
milliers ᵗ, & qui tendent encore au grand bien,
tant de la Generation preſente que des Generations
à venir, ſera-t-elle noircie & melée de fauſſetez !
O ! où eſt l'amour de la Verité ! où eſt la Philo-
ſophie !

Quoi, Mon Ami, le devoir d'un Philoſophe
n'eſt ce pas de découvrir les beautez, les perfec-
tions, & les realitez de la Nature ; & de repreſen-
ter les hommes & les choſes dans leur vrai jour ?
Peut on donc donner avec juſtice le titre d'*Ama-
teurs de la Verité*, ou le nom de *Philoſophes*, à
ceux, qui deguiſent leurs penſées, & donnent de
faux noms aux choſes : Que les Membres des dif-
ferentes Academies de France en jugent.

Je t'aſſure qui ſi je n'avois pas craint que les
Compilateurs de *Dictionaires hiſtoriques*, & les fai-
ſeurs de *Memoires* de ton pays ne vinſent à co-
pier

ᵗ *Un grand nombre de perſonnes tant ici que dans d'autres
pays qui menoient une vie dereglée furent tellement touchez
par la puiſſante Predication de George Fox, qu'ils furent
convertis de leur mauvaiſes mœurs, & aprez cela ils vecu-
rent ſobrement, & vertueuſement, & éleverent leurs enfans dans la Pieté & la Vertu.*

pier ce que tu as dit, & multiplier ainſi les erreurs au grand deſavantage du Caractere de *George Fox*, & pour tromper la Poſterité ; je ne me ſerois pas aviſé de t'envoyer mes Obſervations : Prends donc garde que leur faute ne retombe ſur toi, ſi ces Ecrivains ne ſont pas prevenus.

A l'égard de ce que tu as rapporté touchant l'inſpiration de *George Fox*, & les raiſons pourquoi ſes Diſciples ont été appellez *Quakers*, je l'aurois paſſé ſous ſilence, comme ne meritant pas d'etre remarqué, s'il ne ſembloit pas par cette expreſſion, que tu as crû que les *Quakers* ſe mettent eux-memes dans des agitations & des tremblemens.

Or ſi tu t'en eſt fait cette idée, ou ſur des bruits qu'on a repandu pour les diffamer, ou parce qu'au commencement on les a apellez *Quakers*, & qu'ils n'ont pas refuſé ce nom, quoi qu'il leur eut été d'abord donné par moquerie & par deriſion, il eſt bon que tu ſois mieux informé.

Les *Quakers* ſont fais tels par le *Pouvoir* de Dieu[u], ce *Pouvoir* dont Chriſt ordonna à ſes Diſciples d'attendre la venuë, avant que d'aller prêcher l'Evangile; ce *Pouvoir*, qui lorſque la Loi fut donnée à *Moïſe* ſur la Montagne fit dire à *Moïſe*, *Je ſuis ſaiſi de frayeur & tout tremblant*[x]; & ce *Pouvoir* qui fit trembler les Prophetes quand ils reçurent la parole du Seigneur : *Mon cœur eſt briſé au dedans de moi, à cauſe des Prophetes, dit*

Je-

_____

[u] *Aĉtes* i. 8.   [x] *Heb.* xii. 21.

Jeremie, tous mes os tremblent, je suis comme un homme ivre, un homme qui a été surmonté par le vin, à cause du Seigneur, & à cause des paroles de sa sainteté [x].

Daniel qui etoit un homme cheri de Dieu [y], *trembloit* aussi quand il eut entendu ses paroles. Ainsi nous voyons que ce n'est pas une chose qui soit nouvelle aux hommes de *trembler* en la *presence* du Seigneur.

Le Seigneur lui-meme a dit, *Je regarderai à celui qui est pauvre & d'un esprit contrit, & qui tremble à ma parole* [z]. Et le Prophete *Esaïe* represente l'action de *trembler* comme une condition pour se preparer à recevoir la Parole du Seigneur : *Ecoutez*, dit-il, *la Parole du Seigneur, vous qui tremblez à sa Parole* [a].

L'Apotre *Paul* ordonne aux *Philippiens* de *travailler à leur Salut avec Crainte & Tremblement* [b]. Et ce meme Apotre, quoi qu' élevé dans les Lettres, & distingué parmi les Ministres de l'Evangile, etoit en *Crainte & Tremblement* quand il se trouvoit parmi les *Corinthiens* : *Mes freres, dit-il, quand je suis venu vers vous, je n'y suis point venu avec les discours d'une eloquence & d'une sagesse humaine, car je n'ai fait profession de savoir autre chose que Jesus Christ crucifié : Et tant que j'ai été parmi vous, j'y ay toujours été dans un état de foiblesse, de Crainte, & de Tremblement* [c]. Nous voyons

[x] *Jer.* xxiii. 9.   [y] *Dan.* x. 11.   [z] *Esaïe* lxvi. 2.
[a] Vers 5.   [b] *Phil.* ii. 12.   [c] 1 *Cor.* ii.

Nous voyons ici que le grand Apotre des Gentils etoit un *Quaker* aussi bien que *George Fox*.

Et permets moi de te dire, mon Ami, qu'un des plus grands hommes de *France*, je veux dire l'Archeveque de *Cambray* exilé de la Cour, etoit aussi un *Quaker*, comme on le peut conclure de ses propres paroles ; car aprez avoir fini la premiere partie de son excellent Traité de *l'Existence & des Attributs de Dieu*, & contemplé les œuvres merveilleuses de la Creation exterieure, il tourne l'œuil de son entendement dans l'interieur, vers cette Beauté souveraine qui est la cause de toutes choses ; & comme le remarque l'Auteur du Gardien (Nº. 69) " Avec l'adoration d'un Ange touché " du Sort de ceux qui etoient tombez, mais se " conservant toujours lui-meme dans un Etat de " Gloire & d'Innocence, finit par cette Priere " ejaculatoire :

" O ! mon Dieu ! si tant d'hommes ne vous " découvrent point dans ce beau Spectacle, que vous " leur donnez de la Nature entiere : ce n'est pas " que vous soïez loin de chacun de nous. Chacun " de nous vous touche comme avec la main : mais " les sens, & les passions qu'ils excitent, empor- " tent toute l'application de l'esprit. Ainsi, " Seigneur, votre lumiere luit dans les tenebres ; " & les tenebres sont si épaisses, qu'elles ne la " comprennent pas. Vous vous montrez par " tout : & par tout les hommes distraits, negligent " de vous appercevoir. Toute la Nature parle " de vous, & retentit de votre saint Nom ; mais

“ elle parle à des sourds, dont la surdité vient de
“ ce qu’ils s’étourdissent toujours eux-mêmes.
“ Vous etes auprès d’eux, & au dedans d’eux ;
“ mais ils sont fugitifs, & errans hors d’eux-
“ mêmes.

“ Ils vous trouveroient ô douce Lumiere, ô
“ eternelle Beauté, toujours ancienne & toujours
“ nouvelle, ô Fontaine des chastes delices, ô Vie
“ pure & bienheureuse de tous ceux qui vivent
“ veritablement, s’ils vous cherchoient au dedans
“ d’eux-mêmes.—Que vois-je dans toute la Na-
“ ture ? Dieu, Dieu par tout, & encore Dieu
“ seul. Quand je pense, Seigneur, que tout
“ l’Etre est en vous, vous épuisez & vous englou-
“ tissez, ô Abime de Verité, toute ma pensée.
“ Je ne sçai ce que je deviens. Tout ce qui n’est
“ point vous, disparoît ; & à peine me reste-t-il
“ dequoi me trouver encore moi-même. Qui
“ ne vous voit point, n’a rien vû ; qui ne vous
“ goûte point, n’a jamais rien senti. Il est
“ comme s’il n’étoit pas. Sa Vie entiere n’est
“ qu’un Songe. Levez-vous, Seigneur, levez-
“ vous. Qu’à votre face vos ennemis se fondent
“ comme la cire, & s’evanouissent comme la fu-
“ mée. Malheur à l’ame impie qui loin de vous
“ est sans Dieu, sans esperance, sans eternelle
“ consolation ! Deja heureuse celle qui vous
“ cherche, qui soupire, & qui a soif de vous !
“ Mais pleinement heureuse celle sur qui réjaillit
“ la Lumiere de votre face ; dont votre main a
“ essuyé les larmes ; & dont votre Amour a de-
“ ja

" ja comblé les defirs ! Quand fera-ce, Seigneur?
" O beau-jour fans nuage & fans fin, dont vous
" ferez vous-meme le Soleil, & où vous coule-
" rez au travers de mon Cœur comme un torrent
" de volupté ! A cette douce efperance, mes os
" treffaillent, & s'écrient, qui eft femblable à
" vous ? Mon cœur fe fond, & ma chair tombe
" en defaillance, ô Dieu de mon cœur, & mon
" eternelle portion !

Dans ta *quatriéme* Lettre, tu fembles avoir eu principalement en vûe de faire l'Eloge de *Guilliaume Penn*. Le Narré en eft vif, & en general affez vrai, quoi qu'un peu trop poëtique. Mais il y a une chofe qu'il faut corriger ; c'eft lorfque tu dis, " Aprez que *Penn* eut quitté *Cork* etant
" retourné chez le *Vice-Admiral* fon Pere, au
" lieu de fe mettre à genoux pour lui demander
" fa benediction, il l'aborda le chapeau fur la tête,
" & lui dit, *Ami, je fuis bien aife de te voir en*
" *bonne fanté.*"

Or il n'y a aucune apparence que cela foit vrai, étant contraire à la maniere dont les *Quakers* s'adreffent à leur Pere ; car leur coutume a toujours été de faluer un pere, ou un parent par le nom diftinctif de la paternité ou du parentage feulement. Et une des principales caufes du mepris & du mauvais traitement qu'ils fouffrirent d'abord, c'etoit le fcrupule qu'ils avoient de fe fervir d'aucuns titres, qui n'etoient point autorifez par la Sainte Ecriture, & ne convenoient point aux hommes, & aux chofes.

E 2

Il

Il est vrai que quelques personnes qui aprou-
voient leurs principes & leur pratique à divers
egards, croioient neanmoins que cette singularité
n'étoit point une affaire de Religion, & que c'étoit
s'arréter à des minuties ; mais les *Quakers* qui
ont vû le fondement & la source de tous les titres
flateurs de distinction, ont trouvé que la simplicité
des termes etoit si etroitement liée avec la Religion, que c'etoit comme *la pierre de touche* par laquelle ils pouvoient juger du Christianisme des autres hommes, particulierement de ceux d'entr'eux
qui etoient si choquez du language de l'*Ecriture* :
& ils croient encore que la Simplicité du discours
& la Pureté de l'Evangile sont inseparables ; ils
sont meme persuadez que s'attacher à la Simplicité du discours, & eviter les titres de Superiorité
& de Domination, sont des choses que *Christ* a
absolument enjointes à ses Disciples.

Et *Socrate*, tout Payen qu'il etoit, connoissoit
si bien le danger qu'il y avoit à donner des Titres
fastueux aux hommes, qu'il dit à ses intimes Amis
& à ses Disciples, que quand la Ville ou la Re-
publique qu'il leur avoit décrite, seroit etablie
dans le Monde, " les Magistrats dans leur plus
" haute élevation ne seroient point apellez *Seig-
" neurs* [d], & *Princes* [e], mais *Sauveurs* [f], & *Sur-
" veillans* [g]. Et au lieu, dit-il, que dans les au-
" tres villes, il y en a qui s'apellent *Sous-Gouver-
" neurs* [h] ; dans celle-ci ils seront apellez, *Associez-
" Gardiens* [i]. Et ceux qui seront parvenus à
" l'Age

[d] Δεσπότας.   [e] Ἄρχοντας.   [f] Σωτῆρας.   [g] Ἐπικέρας.
[h] Συνάρχοντας.   [i] Συμφύλακας. Plat. de Repub. lib. 5.

" l'Age de cinquante Ans [k],   & auront tous con-
" fervé une reputation fans tache, & fe feront
" diftinguez par leurs actions, auffi bien que par
" leur rare Savoir & leur habileté dans toutes
" fortes d'Affaires ; venant à confiderer la fin &
" le but de leur Charge, tacheront avec toute
" l'attention dont ils font capables, de fixer les
" yeux de l'Ame fur celui qui éclaire tous les
" hommes ; après cela regardant la Source &
" l'Origine de tout bien, ils le prendront pour
" modele & pour example, afin d'orner, polir,
" & rectifier par là, non feulement chacun d'eux-
" memes feparément, mais auffi ceux qui font
" fous leur foin particulier, & chaque membre
" de la Ville ; & durant le refte de leur vie, em-
" ployant la plus grande partie de leur tems à in-
" culquer les preceptes de la Philofophie Mo-
" rale. Et quand leur tour viendra de fe charger
" du poids des Affaires, & du Gouvernement de
" la Ville, ils le feront, non pas comme une
" chofe qui eft à defirer, & à rechercher, mais qui
" eft d'une Neceffité abfoluë : Ayant ainfi paffé
" leur tems à inftruire les autres, & laiffé de fem-
" blables *Gardiens* de la Ville après eux, ils iront
" dans les Ifles des Bienheureux."

Et il dit encore, " Ceux qui marcheront dans
" les rues de cette Ville, regarderont ceux qu'ils
" rencontreront comme leurs freres, ou leur Sœurs,
" ou quelque proche parent ; & il ne fauroit arri-

ver

[k] Γενομένων δὲ πεντηκοντᾶτων, τῆς διακολῦντας κὴ ἀπιπλόσωτα; πάντα πάντη ἐν ἔργοις τε κὴ ἐπιςημαις, πρὸς τελος διὰ ἀκτίον, κὴ ἀναγκαςίον ἀνακλ.ναντας τὴν τῆς ψυχης ἀκτῖνα, ἐπ αὐτὸ ἀπο-βληψαι τὸ πᾶσι φῶς παρέχον. &c. Plat. de Repub. ib. 7.

I

" ver aucun bien ni aucun mal au moindre mem-
" bre, qui ne cauſe une joie ou une douleur pro-
" portionée aux autres, & chacun la regardera
" comme ſi elle lui etoit arrivée à lui-même.

C'eſt ainſi que *Socrate* par les Rayons de cette veritable Lumiere *qui éclaire tout homme qui vient au monde* [1], a fait la deſcription & le plan de la Police & du Governement d'une Nation ou d'une [m] Ville qui convient extremement au Chriſtianiſme.

Et comme dit *Juſtin Martyr,* " Chriſt la PA-
" ROLE [n] qui etoit, & qui eſt en tous, & par qui
" les Prophetes ont parlé, etant connu en partie à
" *Socrate,*" il a prevu & parlé, quoi que non pas ſi clairement que les Prophetes, de ce qui devoit arrriver ſous le regne & le Gouvernement de *Chriſt* le Prince de Paix, *dont l'ac-*

croiſſement

[1] *Jean,* i. 9.

[m] *Je ſuis fort éloigné de croire que* Socrate *mérite d'etre egalé ou comparé au moindre des Prophetes du Seigneur, cependant quiconque aura lû la deſcription qu'on vient de donner, trouvera ſans doute que la Ville que* Socrate *avoit en vûë reſſembloit beaucoup à celle qu'*Iſaïe *décrit de la maniere ſuivante,* Chap. XXVI. 1. En ce tems-là ce Cantique-ci ſera chanté au pays de *Juda.* Nous avons une Ville forte ; Delivrance y ſera miſe pour murailles & avant-mur. Ouvrez les portes & la Nation juſte y entrera, celle qui garde loyauté. C'eſt une Deliberation arrètée, que tu conſerveras la vraye Paix : car on ſe fie en toi. Fiez vous à l'Eternel juſques à perpetuité : car c'eſt lui qui eſt vrayement l'Eternel & le Rocher des Siecles.

[n] Χριϛῷ δὲ τῷ κ̀ ὑπὸ Σωκράτες ἀπὸ μέρες γνωϛθῆτι, (λογ⊙ γὰρ ἦν κ̀ ἔϛιν, ὁ ἐν παντι ὤν, καὶ διὰ τῶν προφῆτων γινεϛθαι. Apol. 2.

croiſſement & la paix de ſon Gouvernement n'au-
ront point de fin°.

Or l'Epoque ou le Commencement de ſon
Regne peut fort bien etre daté du jour de la Pen-
tecôte, lorſque le Saint Eſprit fut *répandu* ſur *tous*
ceux qui s'etoient aſſemblez à *Jeruſalem :* car les
glorieux ſignes & effets predis par les Prophetes
parurent viſiblement dans la Vie & les Actions des
premiers Chretiens. *Il ne ſe fit point de mal ni de*
dommage dans toute la ſainte Montagne ᵖ de Dieu.
On vit le Lion & l'Agneau paître enſemble, & l'en-
fant qui etoit ſevré mit ſa main dans la Caverne du
Baſilic. Leurs epées furent changées en coutres, &
leurs lances en ſerpes ; la juſtice & la paix ſe bai-
ſerent. Ils n'etoient qu'*un* Cœur & qu'*une* Ame,
& prenoient leurs repas avec un cœur joyeux &
ſincere, & aucun d'eux ne diſoit que ce qu'il poſ-
ſedoit etoit à lui, car ils avoient tout en commun.

Ce glorieux & charmant etat de la Nature &
de la Grace ſubſiſta aſſez longtems parmi les Diſciples de *Chriſt,* de ſorte qu'on diſoit comme par
une eſpece de proverbe, *Voyez comme les Chretiens*
s'aiment ! Et environ deux cens ans aprez *Chriſt,*
les Chretiens au rapport d'*Origene,* n'alloient
point à la guerre & ne portoient point les Armes,
mais vivoient ſeparez du reſte du Monde. " Les
" *Chretiens, dit-il, ne peuvent pas combattre ou*
" *aller à la guerre, quoi qu'on les y preſſe & qu'on*
" *le*

* *Eſaïe,* ix. 7.
ᵖ C'eſt à dire, la veritable Egliſe.

" *le leur ordonne* 9.---Cependant ils font plus
" utiles à leur patrie que les autres, parce qu'ils
" donnent de bonnes inftructions au peuple, &
" aprennent à leur Concitoyens à fervir Dieu avec
" fincerité & pieté, rendant ceux qui ont bien
" vecu dans ces petites Villes, capables d'aller
" dans une Ville Celefte. Et quoi que *Celfe* nous
" exhorte de nous charger du Gouvernement de
" notre Patrie, lorfque la Confervation des Loix
" & de la Religion nous y apelle, cependant nous
" qui favons que dans chaque ville il y a une So-
" cieté formée par la PAROLE de Dieu, exhor-
" tons ceux qui fe diftinguent par la pureté de
" leurs mœurs & de leurs fentimens, de fe char-
" ger du Gouvernement des Eglifes ; & ne rece-
" vons pas ceux qui aiment à dominer, mais ceux
" qui par modeftie fe font une peine d'exercer une
" Charge fi importante. Ceux donc qui gouver-
" nent bien parmi nous y font forcez, & celui qui
" les force c'eft le grand Roi, que nous croyons
" etre le fils de Dieu, Dieu la PAROLE. Et
" ceux qui fous l'Affiftance de Dieu, gouvernent
" bien dans la Societé, c'eft à dire, dans les Eglifes,
" ils gouvernent felon les Loix & les Commande-
" mens de Dieu ; cependant ils ne méprifent pas
" les Loix de leur Patrie, ni ne refufent point
" quand ils en font requis, d'affifter aux devoirs
" communs & neceffaires de la Societé. Mais
" leur but & leur foin principal c'eft de fe tenir &
" fe conferver eux-memes dans un état propre à
" s'aquiter

9 Οὐ συςρατευόμεθα μεν αὐτῷ κἂν ἐπείγη συςρατευώμεθα δὲ
ὑπὸ αὐτȣ, ἴδιον ςρατοπεδον εὐσεβίας σύγκρατȣντες, &c. Origen
contra Celfum, lib. 8. pag. 427.

" s'aquiter du fervice plus divin & plus neceffaire
" des Eglifes de Dieu pour le Salut des hommes.
" Ainfi par contrainte & par devoir ils entrent en
" Charge, s'efforçant d'engager ceux qui font
" plus particulierement l'Objet de leurs foins à
" cheminer journellement dans la Sainteté ; & à
" l'egard de ceux de dehors ils les exhortent à
" etre religieux tant en actions qu'en paroles. De
" cette maniere ils fervent Dieu, & par leurs in-
" ftructions ils engagent autant de perfonnes
" qu'ils peuvent à fe joindre à la Parole & à la
" Loi de Dieu, & ainfi ne deviennent qu'un
" avec Dieu en toutes chofes, etant unis par le
" pouvoir du Fils de Dieu, la PAROLE, la Sa-
" geffe, la Verité, & la Juftice ; de forte que du-
" rant tout le cours de leur vie, toutes leurs ac-
" tions font conformes à la volonté de Dieu."

Voila, mon Ami, le portrait qu'*Origene* a fait
des Chretiens de fon tems, compare-le avec la
Doctrine & la Difcipline de ces gens fi meprifez'
qu'on apelle *Quakers* ; & après cela dis-moi fi le
Quakerifme eft autre chofe qu'un nouveau *Sobri-
quet* donné à l'Ancien Chriftianifme ; ou fi *George
Fox* a fait autre chofe que renouveller ce Plan de
vie fi long-tems perdu & oublié, qui nous a été
donné par Chrift & par fes Apotres.

L'Acclamation & le Cri de joie de l'Armée Celefte à la naiffance de Chrift etoit, ʳ *Gloire à Dieu
au plus haut des Cieux, & Paix fur la terre aux*
F

hommes

ʳ *Luc* ii. 13.

hommes cheris de Dieu. Le but de la venue de *Chriſt* dans le Monde étoit donc, d'y introduire une paix, un amour, & une concorde univerſelle. Mais malheureuſement la depravation des Chretiens depuis pluſieurs Siecles, les Diſcordes, les diſſenſions, les Maſſacres, les Guerres, les preparatifs de Guerre continuels dans les pays où l'on fait profeſſion du *Chriſtianiſme,* ſemblent avoir bani & preſque effacé de l'eſprit des hommes, les idées mêmes de l'Amour, de la Joie, & de la Paix, qui ſont les veritables fruits & les effets du Chriſtianiſme. Les Chretiens, dis-je, ont tellement degeneré & perdu leur premier Amour, qu'ils ſont prets à haïr & mepriſer ceux qui marchent ſur les traces des premiers Chretiens, & qui par une innocente vie & converſation tachent de ramener parmi les hommes l'heureux Etat d'*Amour* & de *Paix* qui regnoit autrefois parmi eux : & c'eſt encore beaucoup ſi quelques uns qui s'apellent *Vicaires de Chriſt,* & *Evéques* & *Curez des Ames,* ne les repreſentent pas comme une eſpece d'Enthouſiaſtes, ſans civilité & ſans politeſſe, qui n'honorent ni ne reſpectent leurs Superieurs. Ces gens-là par leurs harangues pleines d'invectives, & par leurs declamations, ſont tout ce qu'ils peuvent pour diminuer la reputation & l'utilité des *Quakers,* dans l'eſprit & dans l'eſtime des Princes & de ceux qui gouvernent ; comme *Celſe* faiſoit autrefois à l'egard des Chretiens, parce qu'ils refuſoient de porter les Armes & de combattre pour l'Etat ; quoi qu'il n'y ait point d'Etat qui puiſſe etre ſi heureux & ſi aſſuré que celui dont les peuples ſont ou de veritables Chretiens, ou de veritables *Quakers.*

Mais

Mais qu'un etat de Paix univerſelle ſur la terre, predit par les Prophetes & conforme aux preceptes de *Chriſt* & de ſes Apotres, paroiſſe tant qu'on voudra fanatique & peu vrai-ſemblable aux Chretiens de nos jours ; il ne peut pas leur paroitre plus fanatique ni moins vrai-ſemblable, que de voir des Chretiens aller à la Guerre, & combattre les uns contre les autres, auroit paru à quelques Anciens *. Que les Chretiens donc d'ici & d'ailleurs, qui ne le ſont que de Nom, ſe vantent tant qu'ils voudront de leurs *Traditions*, de leurs *Symboles*, & de leurs *Confeſſions de Foi Orthodoxes* ; leur conduite ne fait voir que trop clairement qu'ils ignorent le grand but & le grand deſſein de l'Evangile, qui abolit les Ceremonies de la Loi, mais accomplit les prediĉtions des Prophetes. Il ſemble meme qu'à l'egard de ce grand Article d'une *Paix Univerſelle* ſur la terre, ils ayent moins

F 2 de

---

* Licebit in Gladio converſari, Domino pronunciante, Gladio periturum, qui Gladio fuerit uſus ? Et prœlio operabitur filius pacis, cui nec litigare conveniet ? Et vincula & carcerem & tormenta & ſupplicia adminiſtrabit, nec ſuarum ultor injuriarum ? *Tertul. de Corona.*

Sur ces paroles & quelques autres, le ſavant Rigault *remarque que* Tertullien *condamne la Guerre & l'uſage du Glaive* ; Chriſtianis omnibus ubique Militiam interdicit Auĉtor. *Et Beatus* Rhenanus *obſerve, que* Tertullien *n'auroit ſans doute jamais cru, que les Chretiens ſe feroient un jour la Guerre les uns aux autres. Voici ſes propres paroles :* Qui non permittit ut Chriſtianus Ethnico belligeranti, an permiſſum eſt ut Chriſtianus Chriſtiano, Chriſtianos, hoc eſt fratres perſecuturo, ſi Militem adjungat ? haud dubie nunquam credidit futurum *Tertullianus,* ut Chriſtiani mutuis armis concurrerent.

de foi que les Juifs d'à prefent ; car ceux-c
croyent que quand le Meffie viendra, *il n'y aura
plus de guerre, mais une paix perpetuelle dans tout
le Monde* [t].

Et ce qui augmente encore l'opprobre & la con-
demnation des Chretiens, *Socrate*, privé des lu-
mieres & du fecours des Saintes Ecritures, étoit fi
éloigné de douter qu'il pût y avoir dans le Monde
un etat auffi heureux que celui qu'on vient de
marquer, qu'il donne des raifons de l'efperer ; &
dit à quelques uns de fes Amis qu'il y en avoit un
" *excellent Modele dans le Ciel, qui pouvoit etre*
" *vû de ceux qui le fouhaitoient ; & qu'après cela*
" *ils pouvoient y habiter s'ils vouloient.*" Et un
" de ceux qui etoient prefents, charmé de la belle
" defcription que *Socrate* avoit faite de fa Ville &
" de fon Gouvernement, lui ayant demandé s'il
" etoit poffible qu'un tel Etat ou une telle Ville
" exiftât fur la terre ; *Socrate* lui dit, " qu'il r e
" manquoit que trois chofes pour lui donner l'étre
" & meme qu'une fuffiroit :" & cette meme perfonne ayant fouhaité ardemment de favoir ce que

ce

[t] Ita ut non ultra bellum, fed pax perpetua ad
fines terræ : *C'eft ce que le Juif dit à* Limborch *dans
la difpute qu'ils eurent touchant la Verité de la Religion
Chretienne.* Voyez Limborch *dans* l'Amica Collatio
cum erudito Judæo, *p.* 13. *Et lifez le paffage entier,
qui fuffit pour faire rougir quelques Chretiens. O ! comment paroitront devant le Tribunal de* Chrift, *ceux qui
prennent les Titres de* Catholiques *& de* Tres-Chretiens,
*& qui au lieu de changer leurs épées en coutres, & de pro-
curer la Paix, font faire un plus grand nombre de ces fu-
neftes inftrumens pour détruire la Vie des hommes ?*

[u] Ἐν Οὐρανῷ ἴσως παράδειγμα ἀνάκειται τῷ βουλομένῳ ὁρᾷν,
ᾗ ὁρῶντι, ἑαυτὸν κατοικίζειν. Plat. de Repub. lib. 9.

ce pouvoit etre, *Socrate* s'exprima d'une maniere egalement sublime & majeftueufe à peu près en ces termes : " Quand la puiffance & la fageffe s'uni-
" ront ; quand les Gouverneurs & les Magiftrats
" auront l'efprit fortement porté & tourné vers
" Dieu, & que rien n'aura autant de pouvoir fur
" eux que la Verité ; alors, & non pas plutot,
" on verra fur la terre la Ville dont j'ai parlé."

Ciceron qui vivoit environ quarante ans avant le venue de *Chrift*, fe reprefentoit auffi d'une maniere claire & diftincte la felicité d'un Etat & d'un Gouvernement tel que celui-là, & il l'a decrit de la maniere fuivante ▼ : " Qu'y a-t-il je ne dis pas
" feulement dans l'homme, mais meme dans le
" Ciel & fur la terre de plus divin que la *raifon*,
" qui etant meure & perfectionée eft fort bien
" apellée

▼ Quid eft autem, non dicam in homine, fed omni cœlo atque terrà, ratione divinius ? quæ cum adolevit atque perfecta eft, nominatur ritè fapientia.   Eft igitur, quoniam nihil eft ratione melius, eaque & in homine & in Deo, prima homini cum Deo rationis Societas.   Inter quos autem ratio, inter eofdem etiam recta ratio communis eft.   Quæ cum fit Lex, lege quoque confociati homines cum Diis putandi fumus.   Inter quos porro eft communio legis, inter eos communio juris eft.   Quibus autem hæc funt inter eos communia, & civitatis ejufdem habendi funt.   Si verò iifdem imperiis, & poteftatibus parent, multò etiam magis parent autem huic Cœlefti Defcriptioni, mentique Divinæ, & præpotenti Deo ; ut jam univerfus hic mundus una civitas communis Deorum atque hominum exiftimanda fit, & quod in civitatibus ratione quàdam, de quâ dicetur idoneo loco, agnationibus familiarum diftinguuntur Status, id in rerum Naturà tanto eft magnificentius tantoque præclarius, ut homines Deorum agnatione & gente teneantur. *Cicero* de Legibus, lib. 1.

(38)

" apellée *Sageſſe* ? Il y a donc puiſque rien n'eſt
" meilleur que la raiſon, & qu'elle eſt dans
" l'homme auſſi bien qu'en Dieu, la plus étroite
" Societé entre l'homme & Dieu ; & ceux entre
" leſquels il y a une Societé formée par la raiſon,
" la droite raiſon y eſt auſſi commune, & comme
" elle eſt une *Loi*, les hommes ſont aſſociez avec
" Dieu par la *Loi* ; & ceux entre leſquelles il y a
" une meme *Loi*, il y a auſſi un meme *Droit* ;
" & ceux qui ont ces choſes en commun, doivent
" etre cenſés Citoyens d'une meme *Ville* ; ſi donc
" ils obeïſſent au meme Gouvernement & aux
" memes puiſſances, il faut auſſi qu'ils obeïſſent
" à cette *Deſcription Celeſte, & cet Eſprit di-*
" *vin*, & au *Dieu Tout-puiſſant*. De ſorte que le
" Monde peut etre regardé comme une *Ville*
" *Commune* à Dieu & à l'homme ; & quoi que
" dans nos Villes nous ſoyons preſentement di-
" ſtinguez pour certaines raiſons en familles & en
" parentez, l'Etat de la *Nature* ſera d'autant plus
" noble & plus relevé, que les hommes y ſeront
" regardez comme les parens & le Peuple de
" Dieu."

A cette noble & ſublime idée de Societé & de
Gouvernement conçue par *Ciceron*, il ne ſera peut-
etre pas hors de propos d'y joindre celle du fameux Archeveque de *Cambray*, qui lui reſſemble
beaucoup [x] " Dieu, dit-il, a mis les hommes en-
" ſemble dans une Societé où ils doivent s'aimer,
" & s'entre-ſecourir comme les enfans d'une
" même famille, qui ont un pere commun.
" Chaque Nation n'eſt qu'une branche de cette
" famille

[x] *Lettres ſur la Religion*, p. 196, Edit. de Paris.

" famille nombreuſe, qui eſt repanduë ſur la face
" de toute la terre. L'Amour de ce Pere com-
" mun doit être ſenſible, manifeſte, & inviola-
" blement regnant dans toute cette Societé de ces
" enfans bien-aimez. Chacun d'eux ne doit ja-
" mais manquer de dire à ceux qui naiſſent de lui :
" *Connoiſſez le Seigneur qui eſt votre Pere.* Ces
" enfans de Dieu doivent publier ſes bienfaits,
" chanter ſes loüanges, l'annoncer à ceux qui l'ig-
" norent, en rapeller le ſouvenir à ceux qui l'ou-
" blient. Ils ne ſont ſur la terre que pour con-
" noître ſa perfection, & accomplir ſa volonté ;
" que pour ſe communiquer les uns aux autres
" cette Science, & cet Amour Celeſte."

Dans la Deſcription que ces deux grands hommes font d'une Societé & d'un Gouvernement, tu
as pû voir, mon Ami, la veritable politique des
Quakers, & l'abregé ou le precis de ce que *George
Fox* leur a enſeigné : Car la Societé des *Quakers*
eſt uniquement fondée ſur leur Obeïſſance à la Lumiere de *Chriſt* dans leurs Conſciences ; ce qui
dans le Style de *Ciceron,* eſt le grand lien de la
parenté, & le nœud de la Societé entre Dieu &
l'Homme : C'eſt auſſi le principe de l'Obeïſſance
de l'homme à Dieu & de ſes tendres égards pour
le bien & l'avantage des autres hommes. C'eſt la
Regle immuable de toute juſtice, de tout bien, &
de tout honneur ; & comme le remarque *Morabin*
dans ſa Preface ſur le Traité des Loix de *Ciceron,*
c'eſt " *une Lumiere commune à tous les hommes*
" *qui éclaire la raiſon du Sage, & qui lui decouvre*
" *les*

" *les traces des Vertus qui font l'honnête homme &*
" *le bon Citoyen.*"

C'eſt cette Lumiere par laquelle à meſure que les hommes marchent en elle, ils voyent plus de lumiere : c'eſt le ſentier de l'homme juſte qui reluit de plus en plus vers le jour parfait : *Les Nations de ceux qui ſont ſauvés y chemineront*[y] *: Les Gentils marcheront à la faveur de cette Lumiere, & les Rois à la ſplendeur de ſon lever*[z]. C'eſt la PAROLE *qui etoit au commencement avec Dieu & qui etoit Dieu*[a]: C'eſt la SAGESSE *par laquelle les Rois regnent, & les Princes ordonnent ce qui eſt Juſte*[b].

Plutarque, le grand *Plutarque*, quoique Payen, ſavoit fort bien ſes preceptes ; & cependant quelques uns qui s'apellent *Chretiens* les ignorent & nient l'efficace & la ſuffiſance de ce qu'elle enſeigne : " Il y avoit, dit *Plutarque*, un Roi de
" *Perſe*, qui avoit coutume de faire venir tous les
" matins dans ſa chambre un de ſes domeſtiques,
" qui lui diſoit, *Leve-toi, ô Roi, & aye ſoin des*
" *choſes que* Meſoromaſdes *t'a confiées :* mais un
" Prince ſage & bien inſtruit a au dedans de lui-
" même une *Voix*, qui l'apelle continuellement,
" & lui ordonne de faire ſon devoir[c]."

Or

[y] *Rev.* xxi. 24.   [z] *Iſaïe* lx. 3.   [a] *Jean* i. 1.
[b] *Prov.* viii. 15.

[c] Ὁ μὲν γὰρ πέρσων Βασιλεὺς ἑνά τῶν κατευνας ῶν εἶχε πρὸς τ ῦτο τε‑
ταγμένον, ὥςε ἕωθεν εἰσιόντα λέγειν πρὸς αὐτὸν. Ἄνας α ὦ Βασιλεῦ, κὴ
Φρόντιζε πραγμάτων ὧν σε Φροντίζειν ὁ Μεσορομασδης ἠθέλησε.   Τᾶ
δὲ πεπαιδευμένου κὴ σοφρονοῦντος Ἄρχοντος, ἐντός ἐςι ὁ τ ῦτο Φθεγγό‑
μενος ἀεὶ κὴ παρακελευόμενος. Plut. ad Principem Indoctum.
Page 780.

Or c'eſt là la Voix qui inſtruiſit notre Ami *Guillaume Penn*, lorſqu'il forma le Plan & poſa le Fondement de ſon Gouvernement en *Penſilvanie* ; & c'eſt la meme Voix qu'il recommande, & qu'il exhorte toujours ſes enfans d'ecouter, & d'obeïr.

Dans un petit Traité intitulé, *Les Fruits de l'Amour d'un Pere*, qu'il a laiſſé Manuſcrit, pour l'inſtruction de ſes enfans, il leur parle ainſi :
" Je commencerai par ce qui eſt le commence-
" ment de toute veritable Sageſſe & de toute ve-
" ritable Felicité, *la Crainte de Dieu* : Mes En-
" fans, *craignez Dieu*, je veux dire ayez l'eſprit
" penetré d'une ſainte Crainte pour eviter le mal,
" & d'une vive attention pour faire le bien. La
" meſure & la regle de ce devoir c'eſt la *Lumiere*
" *de* Chriſt *qui eſt dans vos Conſciences*, par la-
" quelle vous pourrez voir clairement ſi vos
" Actions, & meme vos paroles & vos penſées,
" ſont l'ouvrage de Dieu ou non, (car elles ſont
" des Actes de l'Eſprit, & c'eſt pour elles que
" vous ſerez jugez :) Je dis que par la divine
" Lumiere de Chriſt qui eſt dans vos Conſciences,
" vous pouvez faire paſſer vos penſées, vos pa-
" roles, & vos actions en jugement dans vous-
" memes, & avoir un ſentiment droit, veritable,
" ſolide, & ſûr de votre devoir, envers Dieu & en-
" vers les hommes. Et quand vous obeïrez à
" cette bienheureuſe Lumiere dans ſes Saintes
" Convictions, elle vous tirera des voies & des
" œuvres tenebreuſes & corrompues du Monde,

G

" &

" & vous amenera à la Voye & à la Vie de
" *Chrift.*——

" O mes Chers Enfans, c'eſt ici la perle de
" grand prix ; donnez tout ce que vous avez pour
" l'obtenir, & ne vous en defaites jamais quand
" vous devriez gagner tout le monde. C'eſt le
" levain de l'Evangile pour vous faire lever, c'eſt
" à dire, fanctifier & preparer le corps, l'ame &
" l'eſprit, au ſervice de Dieu votre Pere celeſte,
" & à votre propre & durable Conſolation. C'eſt,
" dis-je, la Semence divine & incorruptible du
" Royaume, duquel ſont nés tous ceux qui ſont
" veritablement regenerez hommes & femmes,
" Chretiens formez par Chriſt lui-meme. Rece-
" vez-le dans vos cœurs, donnez y une place ;
" laiſſez lui prendre en vous de profondes racines,
" & vous fructifierez à Dieu en toute bonne pa-
" role & toute bonne œuvre.

" J'ai cru devoir parler ici le langage de l'Ecri-
" ture, qui eſt celui du Saint Eſprit, l'Eſprit de
" Verité & de Sageſſe, qui n'a beſoin d'aucun
" art ni d'aucune inſtruction humaine pour parler
" & pour s'exprimer convenablement à l'Entende-
" ment de l'homme ; mais cependant ce Divin
" Principe la PAROLE ETERNELLE, par la-
" quelle j'ai commencé de m'adreſſer à vous, &
" qui eſt cette *Lumiere*, cet *Eſprit*, cette *Grace*
" & cette *Verité*, que je vous ai exhortez de
" ſuivre dans toutes ſes ſaintes manifeſtations en
" vous

" vous-memes, par [a] *laquelle toutes chofes ont été*
" *faites au commencement*, & les hommes ont été
" illuminez à falut, eft la grande lumiere de
" *Pythagore*, & le *Se. de Siécles* : l'Efprit divin
" d'*Anaxagoras* : le bon Genie de *Socrate* : le
" Principe non-engendré & Auteur de toute Lu-
" miere de *Timée* : Dieu dans l'homme de *Hieron* :
" le principe de la Verité eternel, inefable & par-
" fait de *Platon* : l'Auteur & Pere de tout de
" *Zenon* : & la racine de l'Ame de *Plotin* : c'eft
" ainfi qu'ils ont nommé la PAROLE ETER-
" NELLE, & pour marquer fa manifeftation dans
" l'homme ils ne manquoient pas de Termes fig-
" nificatifs.

" Un Dieu domeftique, ou un Dieu interieur
" felon *Hieron*, *Pythagore*, *Epictete* & *Seneque*.
" Un Genie, un Ange, ou un Guide, felon *So-*
" *crate* & *Timée*. La Lumiere & l'Efprit de
" Dieu, felon *Platon*. Le Principe Divin dans
" l'homme, dit *Plotin*. La Puiffance & la Rai-
" fon divine, l'infaillible & immortelle Loi dans
" l'efprit des hommes, dit *Philon*. Et la Loi &
" la Regle vivante de l'efprit, le Guide interieur
" de l'ame, & le fondement eternel de la Ver-
" tu, dit *Plutarque*. Voila quelques-uns de ces
" Gentils vertueux louez par l'Apotre, en ce que
" n'ayant point reçu la Loi comme les *Juifs*, avec
" ces fecours & ces avantages, faifant neanmoins
" naturellement les chofes contenues dans la Loi,
" devinrent une Loi à eux-mêmes." *Rom.* ii.

G 2

C'eft

[a] *Jean* i. 3.

C'eſt ainſi, mon Ami, que *Guillaume Penn* a décrit & expoſé dans l'*Avis à ſes Enfans* le Principe par lequel les *Quakers* font profeſſion d'etre conduits & guidez ; à quoi permets-moi d'ajouter, ſi cela n'eſt pas deſagreable, que ce Principe c'eſt *la* P a r o l e *qui eſt tout proche de nous, dans la bouche & dans le cœur* ᶜ, à laquelle *Moïſe* renvoyoit les enfans d'*Iſrael* ; & c'eſt C h r i s t *la Parole de la foi* ᶠ que l'Apotre prechoit ; c'eſt auſſi *la Lampe du Seigneur qui découvre tout ce qu'il y a de plus ſecret dans le fond du cœur* ᵍ. ʰ C'eſt cette " Lumiere celeſte qui aux eprits " juſtes

ᶜ *Deut.* xxx. 11.   ᶠ *Rom.* x. 6.   ᵍ *Prov.* xx. 27.

ʰ Et illud cœleſte Lumen, quod ſanis mentibus multo clarius ſole eſt, quam hic, quem carne mortali videmus, ſic reget, ſic gubernabit, ut ad ſummum ſapientiæ virtutiſque portum ſine ullo errore perducat. Suſcipienda igitur Dei lex eſt, quæ nos ad hoc iter dirigat, illa ſancta, illa cœleſtis, quam Marcus Tullius in Libro de Republ. tertio, pene divinâ voce depinxit ; cujus ego, ne plura dicerem, verba ſubjeci. Eſt quidem vera lex, recta ratio, naturæ congruens, diffuſa in omnes, conſtans, ſempiterna ; quæ vocet ad officium, jubendo ; vetando, à fraude deterreat : quæ tamen neque probos fruſtra jubet aut vetat, nec improbos jubendo aut vetando movet. Huic legi nec abrogari fas eſt ; neque derogari ex hac aliquid licet, neque tota abrogari poteſt. Nec vero aut per Senatum, aut per populum ſolvi hac lege poſſumus. Neque eſt quærendus explanator aut interpres ejus alius. Nec erit alia lex Romæ, alia Athenis, alia nunc, alia poſthac ; ſed & omnes gentes, & omni tempore, una lex, & ſempiterna, & immutabilis continebit ; unuſque erit communis quaſi magiſter & imperator omnium Deus ; ille legis hujus inventor, diſceptator, lator ; cui qui non parebit, ipſe ſe fugiet, ac naturam hominis aſpernabitur ;

“ juſtes eſt plus éclatante que le Soleil que nous
“ regardons avec nos yeux mortels ; c'eſt, dit
“ *Lactance*, cette Loi ſainte, cette Loi celeſte
“ que *Ciceron* a décrite comme par une inſpiration
“ divine ; il eſt certain, dit-il, qu'il y a une
“ *Loi veritable*, qui eſt la droite Raiſon repandue
“ dans tous les hommes, conſtante & eternelle.
“ Elle nous apelle à notre devoir par ſes Com-
“ mandemens, & nous détourne du mal par ſes
“ défenſes.   Le Senat ni le Peuple ne ſçauroient
“ en diſpenſer, elle n'a beſoin d'autre interprete
“ que nôtre propre conſcience ; elle n'eſt point
“ autre à *Rome*, & autre à *Athenes*, autre au-
“ jourdhui & autre demain : ſeule, éternelle & in-
“ variable, elle obligera toutes les Nations en tout
“ tems, en tout lieu, parce que Dieu qui en eſt
“ l'Auteur & l'Interprete, ſera toujours ſeul &
“ Souverain maître de tous les Hommes.   Qui-
“ conque la violera, renoncera à ſa propre nature,
“ ſe dépouillera de l'humanité, & ſera pour cela
“ ſeul rigoureuſement puni de ſa déſobeïſſance,
“ quand il éviteroit d'ailleurs tout ce qu'on apelle
“ ordinairement ſupplice.”   C'eſt ici ſuivant la
deſcription de l'Apotre, *la* Parole *de Dieu vi-*
vante & efficace, qui perce plus qu'une épée à deux
trenchans ; elle entre & penetre juſques dans les re-
plis de l'ame & de l'eſprit, juſques dans les join-
tures & dans les moelles ; & elle demêle les pen-
ſées, & les mouvemens du cœur. Heb. iv. 12.

Enfin,

tur ; hoc ipſo luet maximas pœnas, etiamſi cetera
ſupplicia, quæ putantur, effugerit. *Lactantii de vero*
Cultu, Lib. 6. *Cap.* 8. Vide etiam *Theologiæ verè*
Chriſtianæ Apologia à Roberto Barclaio Scoto-Britanno,
Theſis Quinta & Sexta, §. xxvii.

Enfin, c'eſt auſſi le *Maître interieur* de *Malle-branche* [i], & le *Pur Amour* de *Fenelon* [k]. C'eſt encore la *Viande* ſpirituelle, & le *Breuvage ſpirituel* que le grand Apotre *Paul* ne vouloit pas que les *Juifs* de *Corinthe* euſſent ignoré : *Mes* FRERES dit-il, *Je ne veux pas que vous ignoriez que nos peres ont tous été ſous la nuée, qu'ils ont tous paſſé la mer, & qu'ils ont tous été batiſés en Moïſe, dans la nuée & dans la mer ; & qu'ils ont tous mangé la même viande ſpirituelle ; & qu'ils ont tous bû du même breuvage ſpirituel ; car ils bu-voient de l'*Eau *du rocher ſpirituel qui les ſuivoit,*

&

[i] *Il ne faut pas s'imaginer que St. Auguſtin ſoit le premier qui ait crû que* Jeſus Chriſt *ſelon ſa Divinité, etoit* NOTRE LUMIERE, *notre* MAITRE INTERIEUR ; *entre les Peres qui l'ont précedé, il y en a pluſieurs qui ſe ſont declarez pour ce ſentiment ; & je ne croi pas qu'il s'en trouve un ſeul qui l'ait combattu.* Mallebranche, *Preface des Entretiens ſur la Metaphyſique.*

[k] *Que n'apprendroit on point ſans raiſonnement, ſans ſcience, ſi on ne conſultoit plus que le* PUR AMOUR ? — *L'*AMOUR *décide tous les cas, & ne s'y trompe point ; car il ne donne rien à l'homme, & rapporte tout à Dieu ſeul. C'eſt un Feu conſumant, qui embraſe tout, qui dévore tout, qui anéantit tout, qui fait de ſa victime le parfait holocauſte. O, qu'il fait bien connoitre Dieu !----O* A-MOUR, *vrai Docteur des ames, on ne veut point vous écouter. On écoute de beaux diſcours, on écoute ſa propre raiſon : mais le vrai Maitre, qui enſeigne ſans raiſonne-mens & ſans paroles, n'eſt point écouté. On craint de lui ouvrir ſon cœur. On ne le lui offre qu'avec réſerve ; on craint qu'il ne parle & ne demande trop. On voudroit bien le laiſſer dire, mais à condition de ne prendre ce qu'il di-roit, que ſuivant la meſure reglée par* notre Sageſſe : *ainſi, ce ſeroit* notre Sageſſe *qui jugeroit* CELUI *qui la doit juger.* Oeuvres Spirituelles, *pour le jour de S.* Jean l'Evangeliſte.

[l] I Cor. x.

& ce rocher étoit Christ. Il eſt en effet le *Rocher* des Siecles, le *Fondement* de toutes les generations juſtes : vien, mon Ami, permets moi de t'inviter à boire de l'eau vivifiante de ce *Rocher* : vien, goute, & voi combien le Seigneur eſt bon : tourne ton eſprit vers la lumiere de Christ. *Celui qui fait ce que la Verité lui préſcrit*, dit notre bienheureux Sauveur, *s'aproche de la Lumiere afin que ſes œuvres ſoient découvertes ; parce qu'elles ont été faites en Dieu ; mais quiconque fait le mal, hait la Lumiere, & ne s'aproche point de la Lumiere ; de peur qu'elle ne le convainque du mal qu'il fait* [m]. Vien donc & aſſiez toi dans le ſilence devant Dieu : examine ton cœur, & épluche tes actions ; regarde, dis-je, avec cet *Oeil Philoſophique* dont *Socrate & Platon* regardoient l'Iliade & l'Odyſſée d'*Homere* [n], s'il n'y a pas quelque choſe dans tes Tragedies, dans tes Comedies, & dans tes autres pieces qui ne ſoit pas propre à etre chanté ou recité dans la ſainte *Cité*, la *nouvelle Jeruſalem*. Que l'eficace de la *Verité* accompliſſe ſon œuvre en toi. N'ecris plus pour plaire au gout corrompu du Siecle, mais conſacre les productions de ta plume, & les talens que Dieu t'a donnez, au ſeul ſervice de la *Verité*. Joins tes travaux avec ceux des perſonnes qui attendent & deſirent ardemment l'heureux jour qui nous eſt promis, *lorſque la terre ſera pleine de la connoiſſance du Seigneur comme les eaux couvrent la mer* [o].

Alors

[m] *Jean* iii. 21.

[n] Voyés *Platon de Repub.* lib. iii. où l'on cite pluſieurs paſſages d'*Homere* que *Socrate* condamne comme indignes d'etre chantez ou repetez dans ſa Ville.

[o] *Eſaïe* xi. 9.

2

Alors tu auras la paix en toi-même, & feras un sujet de joie, & pourres etre affis avec eux en *Jefus Chrift*, dans les lieux celeftes, & enfin avec *Abraham, Ifaac & Jacob* dans le Royaume des Cieux. Et que ce puiffe etre ton partage, c'eft le defir fincere de

Ton Ami inconnu,

JOSIAS MARTIN.

F I N.